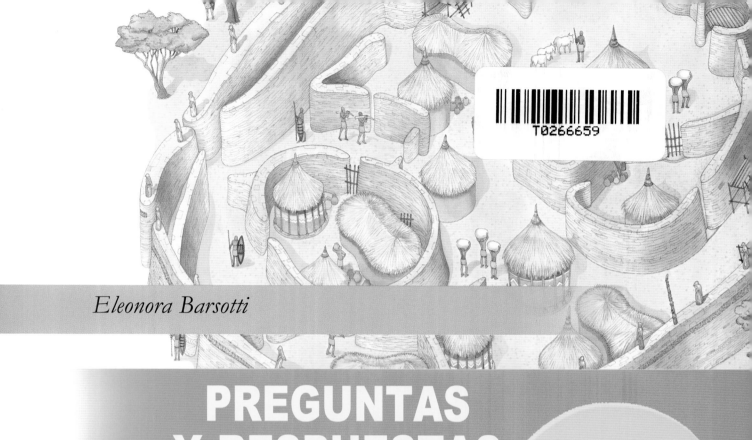

*Eleonora Barsotti*

# PREGUNTAS Y RESPUESTAS

## Historia

Estudio®

Didáctico

## ¿Cuándo aparecieron los primeros seres vivos?

Las primeras formas de vida que aparecieron en nuestro planeta fueron minúsculas algas que se desarrollaron en el entorno marino hace más de 3500 millones de años. Los primeros animales aparecieron mucho más tarde y eran gusanos de cuerpo blando que precedieron a una variedad de organismos que pobló las aguas hace unos quinientos millones de años. Muchas de estas criaturas estaban dotadas de conchas y esqueletos que se han conservado fosilizados. Cerca de 150 millones de años después, empezó la colonización de la tierra firme.

## ¿Cuáles fueron las primeras criaturas voladoras?

Los primeros habitantes de la tierra fueron extraños peces capaces de respirar fuera del agua tras desarrollar una forma primitiva de pulmones. Enseguida, las zonas pantanosas se llenaron de numerosos tipos de insectos. Los primeros seres voladores fueron grandes libélulas con alas que llegaban al medio metro de envergadura. Al mismo tiempo, empezaron a evolucionar también los reptiles, que se extendieron muy deprisa y colonizaron nuevos espacios cada vez más lejos del agua. El largo camino evolutivo de los antepasados de los dinosaurios llevó al desarrollo de los primeros reptiles alados.

Se cree que, inicialmente, la membrana alar les servía para dar saltos, pero enseguida consiguieron mantenerse en el aire. Estos reptiles habrían sido propiamente los primeros animales voladores y los antepasados de los pájaros.

## ¿Cómo eran los primeros homínidos?

Los humanos aparecieron en una época reciente en comparación con la edad de la Tierra. El orden de los Primates, al que pertenecen los hombres y los simios, tiene unos sesenta millones de años, pero nuestros antepasados más cercanos aparecieron hace solo cinco o seis millones de años. Estos homínidos, llamados australopitecos, empezaron a caminar sobre dos piernas y se extendieron por todo el mundo. Su aspecto era simiesco y medían menos de un metro y medio de alto.

Los primeros mamíferos son casi tan antiguos como los dinosaurios. Eran animales del tamaño de un ratón y su aparición se produjo hace aproximadamente doscientos millones de años.

## ¿Cuáles fueron los primeros utensilios?

Los primeros utensilios de sílex fueron fabricados por los homínidos de la especie *Homo habilis* hace más de dos millones de años. Antes que ellos, el australopiteco usaba palos y piedras, pero no era capaz de adaptarlos a sus necesidades. Los primeros utensilios se fabricaron golpeando los sílex hasta arrancar esquirlas afiladas para cortar la carne. Las piedras más grandes se modelaban para triturar nueces y huesos de animales.

Estas herramientas ayudaron al *Homo habilis* a alimentarse mejor y favorecieron la evolución.

## ¿Cómo cambió nuestra mano?

Durante el camino de la evolución, los homínidos modificaron su aspecto progresivamente. Ya en el período en el que los australopitecos adoptaron la costumbre de caminar sobre dos piernas, las manos se especializaron en empuñar objetos. Entre el dedo índice y el pulgar se fue abriendo un espacio cada vez mayor. Esto favoreció la rotación del pulgar, que, oponiéndose a los demás dedos, permitió el agarre de fuerza y precisión.

## ¿Quién descubrió el fuego?

El uso del fuego se remonta a la época en la que evolucionó el *Homo erectus*. Este homínido vivió hace cerca de un millón y medio de años en África. Su cerebro estaba más desarrollado que el de las especies anteriores y, gracias al fuego, empezó a cocinar la comida. La luz que producían las llamas asustaba a las bestias y las mantenía alejadas y el calor ayudaba a templar la punta de los utensilios de madera y a trabajar la piedra.

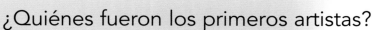

## ¿Quiénes fueron los primeros artistas?

El hombre comenzó a pintar en las rocas hace más de 35 000 años. Las paredes de muchas cavernas están cubiertas de imágenes de animales y hombres. Otras figuras parecen inmersas en la celebración de algún rito extraño para propiciar la caza. Los artistas del Paleolítico superior también se dedicaron a la escultura. Entre los temas más recurrentes, estaban las famosas estatuillas de grandes pechos.

# ¿Cómo combatían?

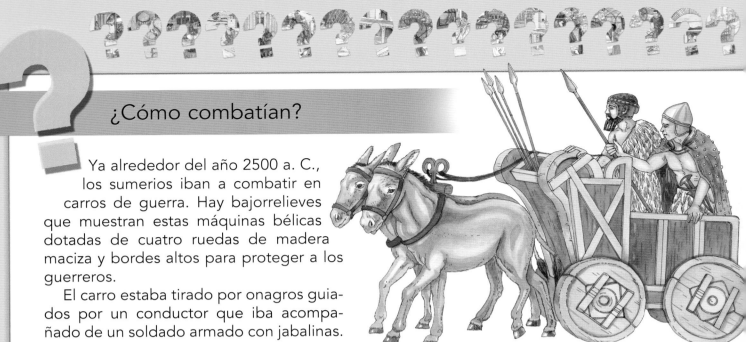

Ya alrededor del año 2500 a. C., los sumerios iban a combatir en carros de guerra. Hay bajorrelieves que muestran estas máquinas bélicas dotadas de cuatro ruedas de madera maciza y bordes altos para proteger a los guerreros.

El carro estaba tirado por onagros guiados por un conductor que iba acompañado de un soldado armado con jabalinas.

## ¿Dónde vivían?

Los sumerios dieron vida a una de las civilizaciones más antiguas conocidas. Alrededor del año 3300 a. C., fundaron por toda Mesopotamia sus ciudades, destinadas a prosperar durante más de un milenio. Todas eran autónomas y estaban gobernadas por una casta de sacerdotes y guerreros con un rey al frente. Las comunidades principales tenían más de 10 000 habitantes, que vivían en casas hechas de ladrillos de arcilla. La invención de la primera escritura pictográfica se atribuye a los sacerdotes que controlaban las entradas en los graneros comunitarios. Con el paso del tiempo, los signos se hicieron más abstractos y tomó forma la escritura cuneiforme.

# ¿Cuándo se desarrollaron?

Las antiguas civilizaciones del Indo se desarrollaron hace unos 4500 años siguiendo el curso de este río, que discurre por la parte occidental del continente indio. La extensa llanura atravesada por el agua era un lugar muy fértil que sufría inundaciones anuales, como las tierras bañadas por el Nilo. Estas condiciones favorecieron el desarrollo de numerosas comunidades agrícolas que construyeron las importantes ciudades de Harappa y Mohenjo-Daro, además de otros núcleos menores. Para el año 2000 a. C., los dos asentamientos más grandes habían alcanzado su máxima expansión.

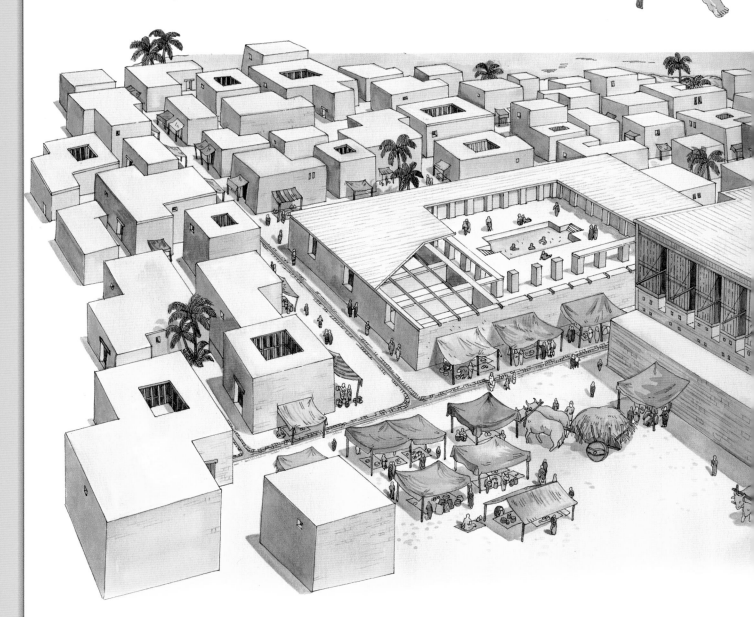

## ¿Cómo se construyeron las ciudades?

Mohenjo-Daro y Harappa se extendían por más de dos kilómetros cuadrados y tenían un plano regular, formado por una cuadrícula de calles paralelas y perpendiculares. Los edificios estaban hechos de ladrillos cocidos y los tejados, que eran planos, se untaban con betún para evitar la humedad. Las casas tenían pozos para el agua y había una red de alcantarillas que se extendía por las calles. Muchas casas tenían dos plantas y algunas eran mucho más grandes que otras.

## ¿Cuáles eran los edificios principales?

No se han encontrado restos de palacios reales, templos ni sepulturas monumentales en ninguna de las dos ciudades. Los edificios más imponentes eran graneros donde se almacenaban los cereales para las épocas de escasez. En Mohenjo-Daro, se ha encontrado un edificio destinado al baño público con una piscina de diez metros de largo.

Las mujeres del valle del Indo vestían ropas de colores vivos y llevaban enaguas cortas de lino y algodón, parecidas a las minifaldas.

## ¿Qué importancia tenía el río?

El Nilo era un regalo para el antiguo Egipto y fertilizaba su tierra con el limo que transportaba en las crecidas anuales. Gran parte de la población se dedicaba al cultivo de los campos en los que crecían trigo y cebada, que eran la base de la alimentación. Según el historiador Heródoto, los ciudadanos no se cansaban demasiado porque buena parte del trabajo se hacía a orillas del río. Esto es cierto solo en parte, ya que muchos de los beneficios que obtenían procedían de un laborioso trabajo de canalización de las aguas que se remonta a los tiempos de los primeros asentamientos humanos a lo largo del río.

## ¿Qué era el «cigoñal»?

Cuando el nivel del Nilo descendía, el agua necesaria para irrigar los campos se obtenía con un instrumento llamado cigoñal. Este sencillo mecanismo estaba formado por una pértiga larga que oscilaba sobre un armazón. En un extremo de la pértiga, había un peso y, en el otro, un recipiente que bajaba hasta el nivel del agua. El contrapeso permitía subir agua con un mínimo esfuerzo.

# EGIPTO Y EL NILO

## ¿Quiénes eran los escribas?

En el antiguo Egipto, pocas personas sabían leer y escribir. Los que conocían los caracteres jeroglíficos y la escritura hierática podían dedicarse a la carrera de escriba. Este trabajo estaba muy bien considerado y retribuido y tenía distintos niveles de responsabilidad. Los escribas más capacitados trabajaban en la administración del Estado, donde realizaban tareas de control, o velaban por los intereses de los grandes santuarios.

# ¿Quién era el rey Hammurabi?

Hacia finales del siglo XVIII a. C., el gran rey Hammurabi ascendió al trono en Babilonia. Durante su reinado, la ciudad se convirtió en la capital de un vasto imperio que se extendía por toda Mesopotamia. Este rey era un valiente general militar, pero también un gran legislador. Promulgó una serie de leyes escritas que regulaban diversos aspectos de la vida de los ciudadanos. Cada delito llevaba una pena asociada y los asuntos privados de los ciudadanos se regulaban con normas precisas que intentaban mirar por los intereses de los más débiles.

# LA CIVILIZACIÓN BABILÓNICA

## ¿Qué hizo célebre a Babilonia?

La ciudad de Babilonia se hizo legendaria por el esplendor de sus construcciones, protegidas por una doble muralla. La puerta principal daba acceso a una larga avenida que atravesaba la ciudad y se recorría en procesiones rituales. La imponente construcción estaba decorada con imágenes de animales sagrados pintados con esmaltes de colores vivos.

## ¿Qué emperador unificó China?

Después de un largo período de guerras terribles entre los principales Estados en los que se dividía China, el rey Zheng, de la provincia del Oeste, consiguió unificar a todos bajos su poder absoluto. Fue en el año 221 a. C. cuando se proclamó emperador con el título de Shi Huangdi.

Con él, se inició la dinastía Qin, que duró poco, pero dejó una huella decisiva en la estructura del Estado chino. Mediante técnicas muy represivas, Shi Huangdi adoptó nuevas leyes, muy estrictas, unificó la moneda y la escritura y emprendió importantes obras de canalización de las aguas, además de completar la gran muralla, que se construyó para defender la frontera.

## ¿Quiénes eran los Shang?

La civilización Shang se desarrolló siguiendo el río Amarillo hace unos 4000 años. Mucha de la información que tenemos sobre esta cultura procede del descubrimiento de numerosas tumbas llenas de objetos. En las sepulturas, se han recuperado objetos de bronce que demuestran que esta aleación ya se conocía y trabajaba en aquella época. En el interior de una de las tumbas, llamada «imperial», se había depositado un carro acompañado de restos de soldados y caballos.

## ¿Cómo trabajaban el bronce?

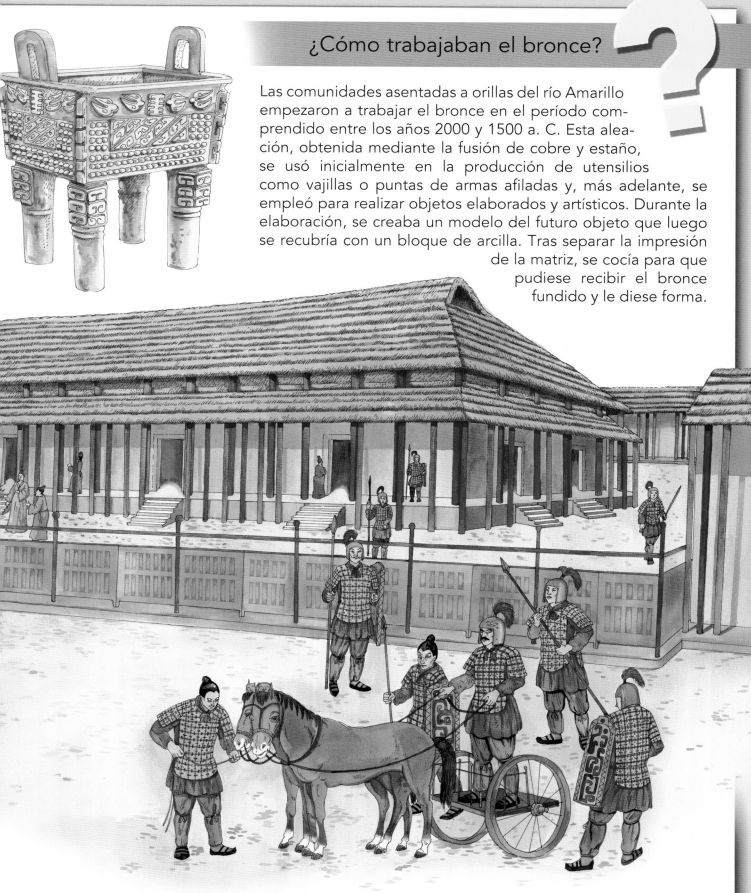

Las comunidades asentadas a orillas del río Amarillo empezaron a trabajar el bronce en el período comprendido entre los años 2000 y 1500 a. C. Esta aleación, obtenida mediante la fusión de cobre y estaño, se usó inicialmente en la producción de utensilios como vajillas o puntas de armas afiladas y, más adelante, se empleó para realizar objetos elaborados y artísticos. Durante la elaboración, se creaba un modelo del futuro objeto que luego se recubría con un bloque de arcilla. Tras separar la impresión de la matriz, se cocía para que pudiese recibir el bronce fundido y le diese forma.

## ¿Cuándo se produjo el éxodo hacia Canaán?

Tras un largo período de casi cuatro siglos, los israelitas abandonaron Egipto para llegar a Palestina. Según la Biblia, las condiciones de vida de los descendientes de José y Jacob habían empeorado mucho y, alrededor del año 1300 a. C., se produjo un nuevo éxodo hacia la tierra de Canaán.

Una larga caravana partió por el desierto del Sinaí guiada por Moisés. Hombres, mujeres y niños viajaban a pie, con las tiendas cargadas en asnos.

Siempre según la Biblia, durante este viaje lleno de problemas y dificultades, Moisés recibió las Tablas de la ley.

## ¿Qué eran las Tablas de la ley?

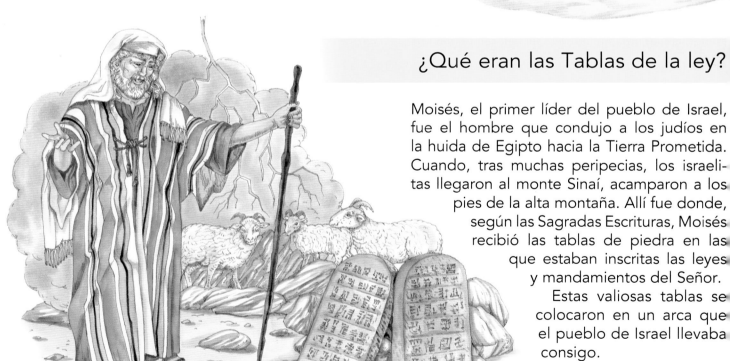

Moisés, el primer líder del pueblo de Israel, fue el hombre que condujo a los judíos en la huida de Egipto hacia la Tierra Prometida. Cuando, tras muchas peripecias, los israelitas llegaron al monte Sinaí, acamparon a los pies de la alta montaña. Allí fue donde, según las Sagradas Escrituras, Moisés recibió las tablas de piedra en las que estaban inscritas las leyes y mandamientos del Señor.

Estas valiosas tablas se colocaron en un arca que el pueblo de Israel llevaba consigo.

## ¿Quién construyó el gran templo?

Cuando los judíos llegaron a Palestina, las doce tribus no tenían un único gobierno y estaban dispersas entre Galilea y el valle del Jordán. Fue el rey David, uno de los principales jefes de Israel, quien convirtió a Jerusalén en la capital del reino e hizo trasladar allí el Arca de la alianza. En esta caja de madera revestida de oro estaban las Tablas de la ley. A la muerte de David, subió al trono su hijo Salomón, que se convirtió en rey en el año 961 a. C.

El reino se consolidó gracias a la sabiduría y la justicia de Salomón, que hizo de Jerusalén una de las capitales más admiradas de la época. La ciudad se protegió con imponentes muros defensivos, se construyó un nuevo palacio y se erigió el primer gran templo en el que albergar el Arca de la alianza.

A la muerte de este soberano, el reino se dividió de nuevo en el reino de Israel, al norte del país, y el de Judea, al sur. Esta división provocó una rápida decadencia que sometió a los israelitas al dominio de asirios y babilonios.

## ¿Dónde vivían?

Una de las primeras civilizaciones del Mediterráneo nació en la isla de Creta. La ciudad más importante se desarrolló en torno al palacio de Cnosos. Este imponente edificio estaba compuesto por un millar de habitaciones usadas como aposentos reales y amplios almacenes de mercancías. Dice la leyenda que en el interior del palacio había un laberinto en el que vivía el Minotauro.

## ¿Cómo se desplazaban?

Los cretenses eran hábiles marineros y grandes comerciantes. Gracias a su desarrollada flota mercantil, consiguieron llevar su producción artesanal a todos los puertos del Mediterráneo. Esta mercancía era muy apreciada por el refinamiento de la elaboración. Se han encontrado vasijas de terracota con espléndidas decoraciones policromadas y artefactos de metales preciosos dispersos por toda la cuenca del Mediterráneo.

## ¿Qué ceremonias celebraban?

La ceremonia del salto del toro se celebraba durante unas determinadas fiestas religiosas. Los frescos hallados muestran a jóvenes cretenses ejecutando una pirueta sobre el lomo de este animal considerado sagrado.

El salto tenía un valor simbólico, ya que representaba el control sobre la temible fuerza del toro.

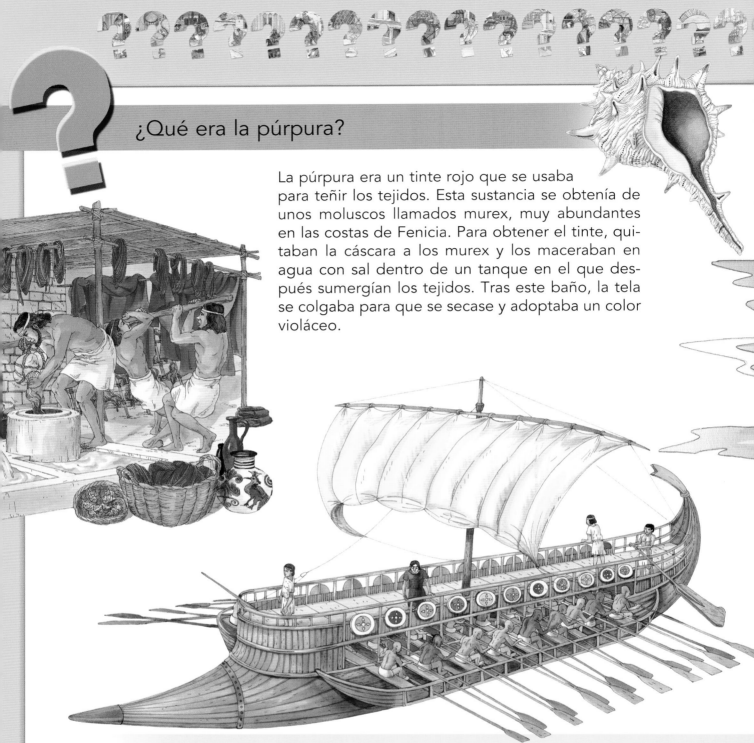

## ¿Qué era la púrpura?

La púrpura era un tinte rojo que se usaba para teñir los tejidos. Esta sustancia se obtenía de unos moluscos llamados murex, muy abundantes en las costas de Fenicia. Para obtener el tinte, quitaban la cáscara a los murex y los maceraban en agua con sal dentro de un tanque en el que después sumergían los tejidos. Tras este baño, la tela se colgaba para que se secase y adoptaba un color violáceo.

## ¿Cómo eran sus barcos?

Los fenicios eran grandes constructores de barcos e introdujeron importantes innovaciones para hacer sus embarcaciones más estables y veloces. Construían el casco a partir de un gran tronco que usaban como quilla, capaz de proporcionar solidez al barco para surcar las olas. En la popa, dos remos servían como timón. Cada embarcación tenía una vela rectangular, pero buena parte del trabajo lo hacían los remeros. Las naves de carga eran panzudas y podrían tener hasta treinta metros de largo. Las de guerra eran más bajas y muy veloces, con dos órdenes de remos a cada lado y un robusto espolón para romper el casco de los enemigos.

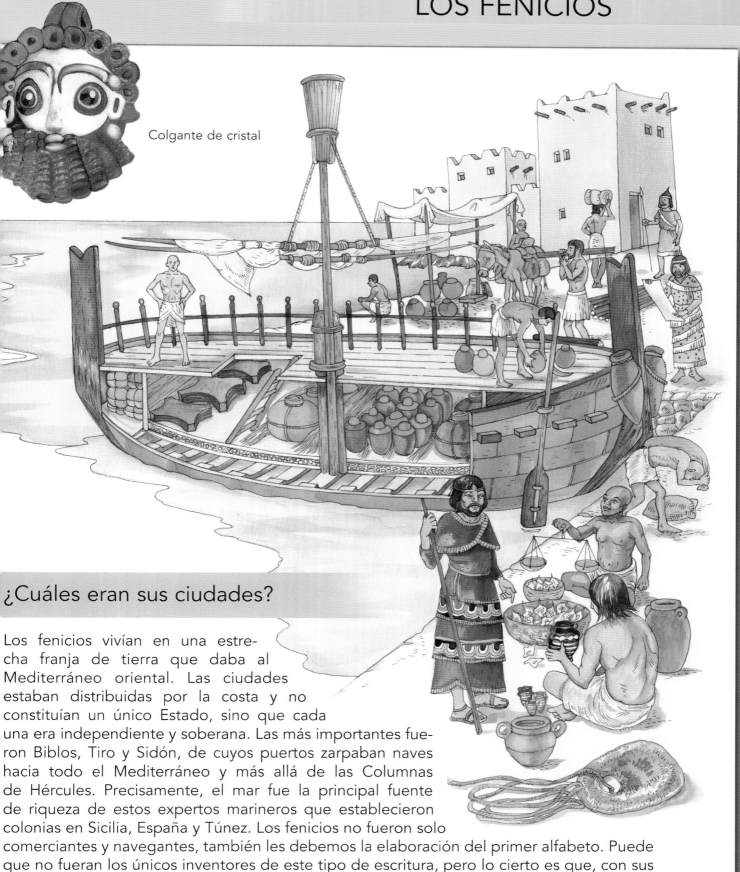

Colgante de cristal

## ¿Cuáles eran sus ciudades?

Los fenicios vivían en una estrecha franja de tierra que daba al Mediterráneo oriental. Las ciudades estaban distribuidas por la costa y no constituían un único Estado, sino que cada una era independiente y soberana. Las más importantes fueron Biblos, Tiro y Sidón, de cuyos puertos zarpaban naves hacia todo el Mediterráneo y más allá de las Columnas de Hércules. Precisamente, el mar fue la principal fuente de riqueza de estos expertos marineros que establecieron colonias en Sicilia, España y Túnez. Los fenicios no fueron solo comerciantes y navegantes, también les debemos la elaboración del primer alfabeto. Puede que no fueran los únicos inventores de este tipo de escritura, pero lo cierto es que, con sus viajes, la difundieron por todo el Mediterráneo.

# ¿Cómo eran las casas?

En la antigua Grecia, las casas se construían con paredes de ladrillos y tenían el suelo de tierra batida. Las habitaciones estaban dispuestas en torno a un patio central donde estaban la cocina y el pozo de agua. No todas las casas contaban con estas comodidades y, en muchos casos, los propietarios usaban una vasija en lugar de servicio.

# ¿Qué era el «gineceo»?

La vida de la población se desarrollaba principalmente al aire libre. Solo las mujeres de las familias más ricas pasaban gran parte del tiempo en el gineceo.

Esta zona de la casa reservada a ellas estaba aislada de las demás habitaciones.

# ¿Qué era el ágora?

La vida civil se concentraba en un lugar llamado «ágora». En torno a esta plaza se encontraban los edificios públicos más importantes y los talleres de los artesanos, y, en mostradores improvisados, se desarrollaba el comercio. El ágora también era un punto de encuentro donde iniciar apasionantes debates para preparar las asambleas públicas en las que se decidía el futuro de la ciudad.

# LA VIDA COTIDIANA DE LOS GRIEGOS

## ¿Quién gobernaba la ciudad?

En la antigua Grecia, cada ciudad estaba organizada como un Estado autónomo llamado «polis» y la gobernaba un jefe militar o un selecto grupo de personalidades influyentes. En torno al siglo V a. C., nació en Atenas la primera forma de «demokratia», término que designa «el gobierno del pueblo». En este sistema, las decisiones se tomaban en asambleas públicas periódicas en las que todos los ciudadanos de género masculino tenían voz y voto.

## ¿Quién iba al teatro?

La pasión por el teatro era común a todos los griegos antiguos. En cualquier ciudad que se preciase había teatros donde se representaban comedias y tragedias. Los espectadores, sentados en gradas de piedra, asistían al espectáculo que se desarrollaba en el escenario, manifestando ruidosamente su agrado o desaprobación.

## ¿Qué era la filosofía?

El término «filósofo» empezó a usarse en la época de Sócrates. Esta palabra designaba al que sentía «amor por y confianza en la sabiduría», en contraposición al término «sofo» (sabio) que usaban los sofistas. Las disciplinas que abarcaba la filosofía comprendían desde el estudio de la naturaleza hasta los principios físicos, desde el estudio del ser hasta la política.

Sócrates (469-399 a. C.) fue uno de los principales filósofos griegos. No nos han llegado sus obras escritas, pero sabemos por sus discípulos Platón y Jenofonte que su pensamiento giraba en torno a tres temas: el conocimiento, la educación y la moral.

## ¿Qué artesanía producían?

Los artesanos griegos eran famosos en toda la cuenca mediterránea por la calidad de sus productos. De los talleres de los herreros salían armas muy apreciadas, mientras que los tejedores producían telas de prestigio. La excelencia se alcanzó en la fabricación de jarrones de terracota pintada. Los alfareros más refinados trabajaban en Atenas y Corinto.

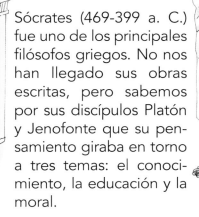

## ¿Cuáles eran las divinidades egipcias?

Las numerosas divinidades egipcias eran objeto de devoción y culto. La más antigua era Atum-Ra, dios del sol, del que descendían Geb, dios de la tierra, y Nut, diosa del cielo. Del vientre de Nut, nacieron Isis, Osiris, Seth y Neftis. Osiris llegó al mundo ya coronado como rey, mientras que Isis, su hermana y esposa, era la representación de la fértil tierra bañada por el Nilo. Su hijo Horus, con cabeza de halcón, vengó la muerte de su padre desterrando al malvado Seth.

## ¿Quién era Gilgamesh?

Según los antiguos mitos mesopotámicos, la estirpe humana fue voluntad de la diosa madre para servir a los dioses.

Los humanos no se portaron bien y los dioses decidieron exterminarlos con una terrible inundación de la que se salvaron solo un hombre y una mujer, cuya descendencia empezó a convivir con las divinidades.

Según la leyenda, una diosa y el señor de Uruk engendraron a Gilgamesh, un mortal con grandes poderes que desafió al héroe Enkidu. La terrible lucha no tuvo vencedor, sino que dio origen a una gran amistad. Los dos realizaron gestas legendarias hasta que Enkidu enfermó y murió. Gilgamesh veló el cadáver de su amigo hasta que comprendió que él también correría la misma suerte.

Sin resignarse a ese destino, vagó por el mundo en busca del secreto de la vida eterna. Al no encontrar lo que buscaba, aceptó la suerte de los hombres, pero su fama consiguió ser inmortal.

Anubis, con cabeza de chacal, presidía los funerales y era la antigua divinidad de los muertos.

## ¿Quién vivía en el monte Olimpo?

El monte Olimpo era el lugar en el que vivían las numerosas divinidades griegas. Estas criaturas inmortales de aspecto similar al de los humanos incluían vicios y virtudes. Sus poderes eran grandes, pero debían someterse a la voluntad de Anaké, que decidía el destino de hombres y dioses.

El rey del Olimpo era Zeus, señor del cielo y padre de los dioses. A su alrededor, estaban su esposa Hera, Atenea (diosa de la sabiduría), Poseidón (dios del mar), Apolo, Ares, Artemisa, Afrodita y otras muchas divinidades.

## ¿Quién fundó la ciudad de Roma?

Según la leyenda, la ciudad de Roma fue fundada por Rómulo en el año 753 a. C. Este mítico personaje fue abandonado por su madre nada más nacer y encomendado al Tíber junto con su gemelo Remo. Los dos hermanos fueron encontrados por una loba que los amamantó antes de que los criasen unos pastores. Ya adulto, Rómulo trazó el cerco en cuyo interior nacería la ciudad y no dudó en matar a su hermano para defender sus confines.

Los historiadores dicen que Roma se formó con el tiempo mediante la unión de pequeñas aldeas de las colinas tiberinas siguiendo el curso del Tíber. Durante su primera etapa, la ciudad estuvo gobernada por siete reyes y el primero de ellos tomó el nombre del mítico fundador.

## ¿A quién se podía encontrar?

La Roma imperial era una metrópolis muy concurrida. Durante las horas diurnas, el vaivén de gente que iba al foro o a los mercados era caótico. Los esclavos iban a hacer recados para los amos, las señoras salían con su séquito, los mercaderes llenaban las tiendas para vender o comprar. Al caer el sol, este caos cesaba dando paso a la circulación de carros, prohibida durante el día.

## ¿Que actividades se hacían en el foro?

El foro era un importante centro de intercambio, aunque, con el paso de los siglos, muchas tiendas tuvieron que trasladarse para dejar sitio a los edificios monumentales. Las que quedaron ocupaban la planta baja de los edificios y solo tenían una habitación. Ofrecían una gran variedad de mercancías, desde telas hasta productos de belleza, pasando por joyas, alimentos crudos y cocinados y copas de buen vino.

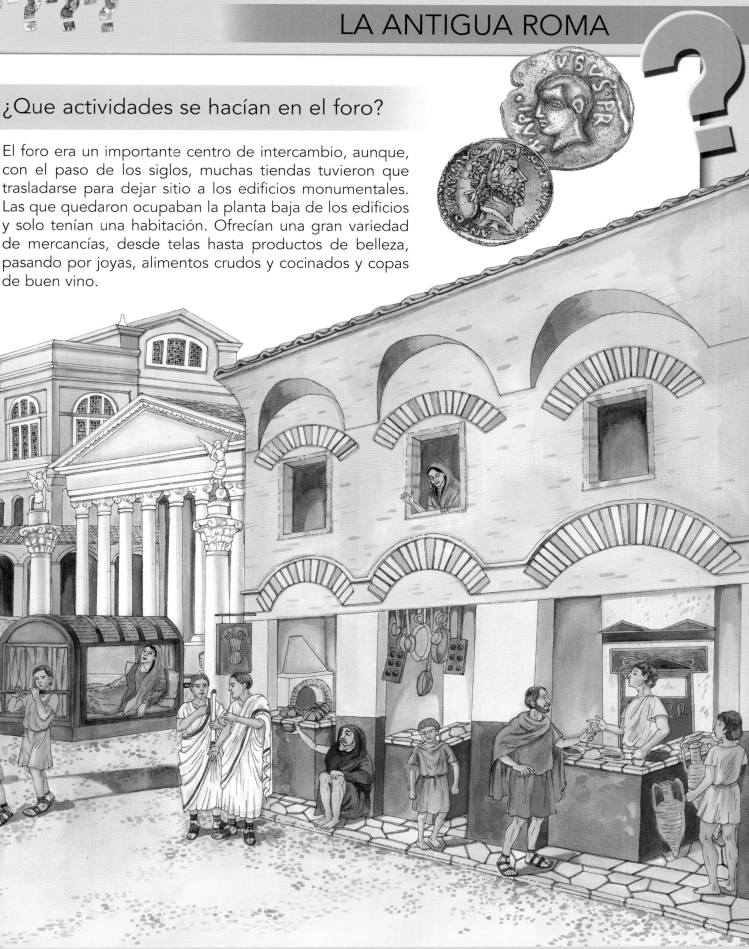

# ¿Quién construyó el Coliseo?

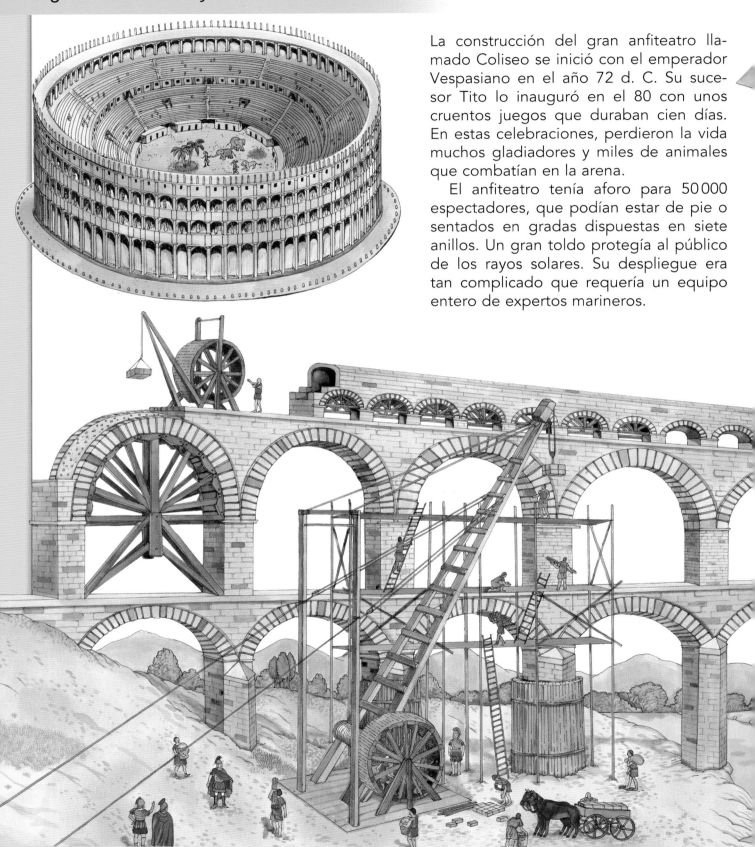

La construcción del gran anfiteatro llamado Coliseo se inició con el emperador Vespasiano en el año 72 d. C. Su sucesor Tito lo inauguró en el 80 con unos cruentos juegos que duraban cien días. En estas celebraciones, perdieron la vida muchos gladiadores y miles de animales que combatían en la arena.

El anfiteatro tenía aforo para 50 000 espectadores, que podían estar de pie o sentados en gradas dispuestas en siete anillos. Un gran toldo protegía al público de los rayos solares. Su despliegue era tan complicado que requería un equipo entero de expertos marineros.

# LA ARQUITECTURA ROMANA

## ¿Qué era el Circo Máximo?

Las carreras de carros, que gustaban mucho a los romanos, se desarrollaban en el interior de numerosos circos de las ciudades. El más importante, llamado Circo Máximo, se encontraba cerca del monte Palatino y se cree que ya se usaba en tiempos de la primera monarquía.

En la época de Augusto, se sometió a obras de modernización, que le dieron una pista de unos ochocientos metros de largo. En la grada podían colocarse 150 000 espectadores y, dada la popularidad de las carreras, en los días de competición no quedaba ni un sitio vacío.

## ¿Cómo llegaba el agua a la ciudad?

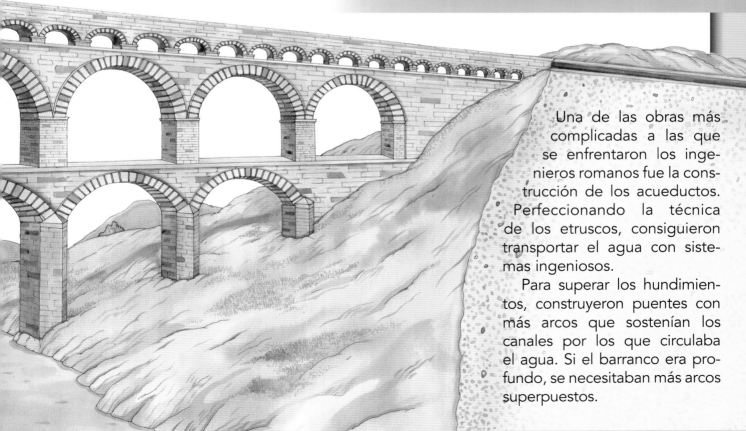

Una de las obras más complicadas a las que se enfrentaron los ingenieros romanos fue la construcción de los acueductos. Perfeccionando la técnica de los etruscos, consiguieron transportar el agua con sistemas ingeniosos.

Para superar los hundimientos, construyeron puentes con más arcos que sostenían los canales por los que circulaba el agua. Si el barranco era profundo, se necesitaban más arcos superpuestos.

## ¿Quiénes eran los patricios?

La clase social que predominaba en la sociedad romana eran los patricios. Pertenecían a este grupo de privilegiados los descendientes de los fundadores de la ciudad. Muchos de ellos poseían terrenos y eran los únicos que podían formar parte del Senado. Los plebeyos realizaban trabajos para las familias patricias y se ocupaban de cultivar las tierras a cambio de protección. Estos ciudadanos eran libres, pero no tenían plenos derechos civiles, aunque podían enriquecerse.

## ¿Quiénes eran los esclavos y los libertos?

Los esclavos eran, por lo general, prisioneros de guerra que podían comprarse y venderse. Algunos plebeyos también se convertían en esclavos si no pagaban sus deudas y pasaban a ser propiedad de sus acreedores. Esta gente no tenía ningún derecho y estaban destinados a trabajos humildes y cansados. Algunos servían en casa de sus patronos y podían librarse de la esclavitud por los servicios prestados, convirtiéndose en libertos.

# LA VIDA EN LA ANTIGUA ROMA

Los pobres vivían en casas de varios pisos llamadas ínsulas. Eran edificios insalubres, unidos unos a otros y con ventanas pequeñas. No disponían de servicios higiénicos ni de agua corriente.

## ¿Cómo era una *domus*?

La casa patricia era muy amplia y normalmente incluía una zona pública y otra reservada al dueño. La entrada principal de la *domus* daba a un patio abierto desde donde se accedía al peristilo, un jardín con una fuente rodeado por un pórtico.

Los dormitorios solían estar en el primer piso, mientras que, en la planta baja, estaba la cocina y los espacios destinados a recibir huéspedes. Las ocasiones especiales y comidas se celebraban en divanes en una sala llamada «triclinio».

# ¿Cómo se construía una calzada?

Las calzadas s
trazaban siguiendo la trayec
toria más recta posible. Primer
se excavaba el fondo y, luego, s
rellenaba con varias capas de mortero
otros materiales para cimentar. Cada cap
se nivelaba y asentaba para obtener una bas
capaz de soportar el adoquinado de piedra.

## ¿Cuáles eran las vías principales?

Todas las partes importantes del Imperio estaban unidas por medio de una red de calzadas empedradas. La obra de construcción de estas grandes arterias se inició con la expansión de Roma, que ya en el año 310 a. C. estaba unida a Capua por la antigua Vía Apia. Esta importante calzada se amplió después hasta Brindisi. Hacia el norte subía la Vía Flaminia, que proseguía con la Vía Emilia hasta el centro de la llanura Padana. Por el Tirreno, se extendía la Vía Aurelia, que llegaba hasta Francia. A lo largo del recorrido había piedras miliares que indicaban la distancia a Roma.

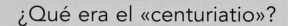

## ¿Qué era el «centuriatio»?

Los restos de los antiguos asentamientos agrícolas romanos muestran cómo las tierras ocupadas por la legión se hacían productivas de inmediato. En cuanto se conquistaba un territorio, se convertía en propiedad del Estado, que procedía a asignarlo a colonias para su cultivo.

Los mismos legionarios se encargaban de establecer los límites de las distintas propiedades.

Trazaban un conjunto de líneas paralelas y perpendiculares que delimitaban los campos y, sobre ellas, plantaban árboles o trazaban calzadas.

Esta práctica se conocía como «centuriatio» y las tareas de medida se hacían con un nivel llamado «groma». Los que usaban la groma recibían el nombre de «agrimensores».

## ¿Quiénes eran los plebeyos?

En la primera época de la república romana, las personas descendientes de las familias que llegaron a Roma después de la fundación se llamaban «plebeyos». No tenían derechos políticos y dependían de una familia patricia a la que se unían sometiéndose. En el año 409 a. C., se rebelaron con esta situación: dejaron de trabajar y luchar y se retiraron al monte Aventino. El momento era crítico porque un ejército enemigo estaba marchando sobre la ciudad, así que el Senado envió a un cónsul para negociar con ellos.

## ¿Qué convenció a los plebeyos para bajar del Aventino?

El cónsul Menenio Agripa fue enviado al Aventino para convencer a los plebeyos de que pusieran fin a las protestas y volviesen a sus tareas normales. Para conseguir su objetivo, el Senado tuvo que hacer varias concesiones al pueblo. Una de las más importantes fue la introducción de dos magistrados, llamados tribunos de la plebe, que podían participar en el gobierno de la ciudad y oponerse a las leyes que considerasen contrarias a los intereses de los plebeyos. La situación fue volviendo a la normalidad y, unos 45 años después, se llegó a la promulgación de leyes válidas para todos los ciudadanos del Estado.

# LA REPÚBLICA ROMANA

## ¿Quién era Julio César?

Julio César fue elegido cónsul y comandante del ejército de la Galia en el año 59 a. C. Este territorio, correspondiente a la actual Francia, estaba habitado por pueblos belicosos, valerosos enemigos de Roma. Tras una larguísima serie de guerras, que duró aproximadamente ocho años, César consiguió someterlos con una victoria que lo hizo muy popular en Roma. El Senado, preocupado por esta gloria, llamó al cónsul a Roma y le ordenó que licenciase a sus soldados. En vez de obedecer, César decidió desafiarles e hizo que sus legiones pasaran el Rubicón. Este río señalaba el límite entre Roma y la Galia Cisalpina y nadie podía cruzarlo armado sin convertirse en enemigo de la ciudad. Este acto marcó el inicio de una sanguinaria guerra civil que llevó a un César victorioso al cargo de «dictador perpetuo».

La toga era un manto que se colocaba sobre la túnica. Los hombres se cubrían con esta tela de lana cortada en semicírculo envolviendo la espalda y el brazo izquierdo.

## ¿Quién era Constantino?

El mensaje cristiano de paz y hermandad se consideraba peligroso para la continuidad del Imperio, así que este realizó persecuciones feroces de los cristianos hasta el año 313 d. C., cuando el emperador Constantino se convirtió a esta religión. El reconocimiento fue sancionado con un edicto que concedía libertad de culto a todos los seguidores de Cristo. Constantino reunió en un concilio a todos los obispos para establecer una única doctrina que se definió como el credo niceno. En el año 380 d. C., con el emperador Teodosio, el cristianismo se convirtió en la religión oficial del Estado y se prohibió por ley el culto a otros dioses.

## ¿Cuáles eran los dioses antiguos?

Las divinidades romanas habían llegado de culturas anteriores y venían acompañadas de creencias y ritos similares a los de los griegos y los etruscos. Zeus, el rey del Olimpo griego, se convirtió en Júpiter para los romanos y su esposa Hera se convirtió en Juno, mientras que Atenea se transformó en Minerva. Otras divinidades se adoptaron de culturas diferentes, como Mitra, dios persa de la luz, o Isis, diosa madre de los egipcios.

Cada familia tenía además deidades domésticas, llamadas «lares», que protegían la casa y se honraban a diario en un altar que había en todas las casas.

## ¿Qué eran las catacumbas?

Los cristianos no admitían la incineración de los difuntos, así que los enterraban en lugares secretos llamados catacumbas. Estos antiguos sepulcros estaban excavados en el subsuelo, en sitios escondidos, y estaban formados por celdas unidas en un laberinto de galerías. Estos cementerios se convirtieron en un punto de encuentro secreto para rezar durante el largo período de persecución de los discípulos de Cristo ordenada por varios emperadores romanos. Las excavaciones arqueológicas realizadas en las catacumbas han permitido obtener mucha información sobre la organización de las primeras comunidades cristianas.

## ¿Quiénes eran los celtas?

Se llamaba celtas a los miembros de los pueblos que ocupaban gran parte del centro-oeste de Europa desde el primer milenio antes de Cristo. A partir del siglo III a. C., distintas oleadas migratorias llevaron a esta gente hacia el norte de Italia y la Península balcánica hasta el Danubio.

Estos pueblos se dividían en tribus y hablaban distintas lenguas, pero tenían costumbres comunes de las que no ha quedado testimonio escrito. A finales del siglo V, entraron en contacto con el mundo clásico y, a partir de ahí, hay testimonios de los historiadores Hecateo de Mileto y Heródoto que los identifican como gálatas y celtas.

## ¿Quiénes había antes que los celtas?

Hacia finales del tercer milenio antes de Cristo, en el norte de Europa se desarrolló la civilización de los grandes megalitos. La economía agrícola hizo sedentarios a los pueblos, que planearon una nueva organización social y empezaron a construir grandes monumentos de piedra. Uno de los ejemplos más importantes de estas obras gigantescas puede verse en Stonehenge, en el sur de Inglaterra.

## ¿Dónde vivían los celtas?

La información sobre la vida de los celtas procede de excavaciones arqueológicas que han dejado al descubierto sus necrópolis. Las antiguas sepulturas revelan cómo los personajes con más categoría eran enterrados con ricos ajuares fúnebres, que incluían armas, vasijas y alfileres.

Las comunidades celtas vivían principalmente en pequeñas aldeas formadas por un reducido número de edificios. Las casas estaban pensadas para un núcleo familiar, que disponía de una gran habitación en la que se cocinaba, comía y dormía por la noche. Algunas comunidades se defendían del peligro de saqueos y correrías construyendo poblados fortificados en lugares elevados y bien defendibles.

En los confines septentrionales del Imperio romano, vivieron pueblos seminómadas que se desplazaban por las praderas del centro-oeste de Europa.

Eran los vándalos, los ostrogodos, los visigodos, los francos y otros pueblos que se llamaban de forma genérica «germanos».

Con frecuencia, los grupos «germanos» hacían correrías y asaltaban pueblos sin atreverse a atacar las ciudades romanas directamente. Cuando el Imperio empezó a mostrar los primeros síntomas de crisis, estos pueblos se envalentonaron y sometieron los confines septentrionales a una presión cada vez mayor.

En oleadas sucesivas, ocuparon las regiones justo detrás de las fronteras y se dirigieron hacia la Península itálica. En el año 410, los visigodos asediaron Roma, seguidos por los hunos de Atila, que invadieron la llanura Padana, y los vándalos, que saquearon la ciudad. Fue el bárbaro Odoacro quien depuso a Rómulo Augústulo, el último emperador de Occidente, en el año 476 d. C.

## ¿Cómo vivían los bárbaros?

Para los romanos, los bárbaros lo hacían todo a caballo. Algunos pueblos eran nómadas y vivían de la ganadería y la caza. Otros se establecían en un territorio y construían pequeños poblados. Vivían divididos en grupos de familias unidas por vínculos de parentesco, llamadas clanes, que formaban las distintas tribus.

## ¿Qué era la «ordalía»?

Los pueblos germánicos no conocían la escritura y no tenían leyes escritas. Si surgía una disputa, los dos litigantes se batían en duelo para determinar quién tenía razón.

## ¿Cuáles fueron las innovaciones agrícolas?

En el arco temporal entre los siglos IX y XIII, la agricultura experimentó un período de gran progreso con la adopción de tecnología innovadora y el uso de nuevas formas de energía. El trabajo humano se sustituyó por el animal y se empezó a aprovechar la fuerza del agua y del viento. Con los nuevos arados tirados por caballos y bueyes, se podía cavar en terrenos duros y pedregosos que antes no podían explotarse. La adopción del yugo para unir a los animales al carro permitió aumentar la potencia de arrastre, lo que posibilitó el uso del «dental». Con una reja más pesada y capaz de cavar a mayor profundidad, aumentó notablemente la eficacia del arado.

## ¿Qué era el feudalismo?

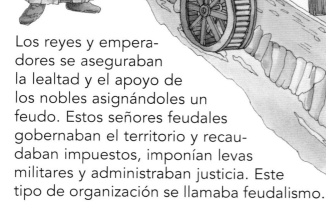

Los reyes y emperadores se aseguraban la lealtad y el apoyo de los nobles asignándoles un feudo. Estos señores feudales gobernaban el territorio y recaudaban impuestos, imponían levas militares y administraban justicia. Este tipo de organización se llamaba feudalismo.

En la Alta Edad Media, surgieron numerosos monasterios como centros de oración y actividad económica. Al frente de cada comunidad había un abad que controlaba que los monjes cumpliesen la norma de san Benedicto: *Ora et labora* (reza y trabaja). Precisamente, este trabajo hizo nacer las primeras haciendas agrícolas de la Edad Media.

# ¿Qué eran las yurtas?

Las casas de los mongoles eran como las de los demás nómadas de la estepa. Eran tiendas con una estructura de postes de madera cubiertos de pieles. Tenían un agujero en el techo para dejar salir el humo y la puerta estaba siempre orientada al sur. Las yurtas se desmontaban periódicamente para los traslados de estos pueblos nómadas. La del jefe de la tribu, si era demasiado grande, se subía a un carro y se trasladaba montada.

## ¿Quién era Gengis Kan?

El que se convertiría en el gran Gengis Kan nació en 1162 con el nombre de Temujin. Con solo trece años se convirtió en jefe de su tribu, sustituyendo a su padre asesinado, y tuvo que esforzarse mucho para reafirmar su poder entre los más belicosos. En pocos años, se convirtió en líder indiscutible de su propia tribu y de otras que se habían anexionado bajo su control. Su fama y carisma personal hicieron que los otros jefes lo proclamasen Gengis Kan y asumiese el control de un ejército que conquistó en pocos años uno de los imperios más grandes de la historia. Las hordas de mongoles invadieron China y Corea y se extendieron hacia Occidente, hasta el mar Negro.

## ¿Cómo vivían los mongoles?

Los mongoles vivían en las llanuras del centro de Asia, llevando una vida nómada. Se organizaban en tribus que se trasladaban siguiendo a sus rebaños de ovejas y vacas y manadas de caballos en busca de agua y pasto. Dos siglos antes del nacimiento del imperio de Gengis Kan, las tribus se dividían en numerosos grupos familiares, enfrentados entre sí con frecuencia. Los robos de animales y las disputas por los mejores pastos endurecían a estos belicosos nómadas con fatiga y problemas. Incluso después de la conquista de una ciudad, preferían seguir viviendo en sus tiendas y renunciaban a la comodidad de una casa.

## ¿Quiénes eran sus dioses?

La religión de los incas se basaba en distintas creencias y veneraba las fuerzas de la naturaleza, como los truenos. Su divinidad más importante era el dios Sol, a quien dedicaban una ceremonia especial. En cada ciudad, se esculpía un bloque de piedra llamado «intihuatana», que sujetaba una columna. En los días en los que el sol del mediodía pasaba por encima sin hacer sombra, se celebraban ritos solemnes de agradecimiento. Todo el pueblo participaba cantando y, cuando se iba el sol, empezaban las libaciones a base de cerveza de maíz. La más importante de estas fiestas del Sol se celebraba en la capital, Cuzco, donde el emperador oficiaba la ceremonia. En la celebración, se llevaba a una llama blanca a morir en la montaña para que llevase las palabras del emperador directamente al Sol.

## ¿Cómo construían sus ciudades?

Las ciudades incas no eran muy grandes porque gran parte de la población vivía en los pueblos de alrededor. El centro estaba reservado a los edificios de gobierno y culto. Los edificios de las ciudades de los altiplanos estaban construidos con grandes bloques de piedra y rodeados por una muralla; en la costa se usaban ladrillos de arcilla sin cocer.

En la cordillera, a más de 2500 metros de altitud, todavía se ve la ciudad de Machu Picchu, que escapó a la conquista de los soldados de Pizarro.

## ¿Qué animales criaban?

Los altiplanos andinos, con un clima riguroso y un terreno impracticable, eran el entorno natural de la alpaca, la llama y la vicuña. Estos animales de la familia de los camellos eran muy importantes para la economía inca. Los rebaños de alpacas les proporcionaban lana para la ropa y los tenían en los pastos montañosos. Las vicuñas eran animales salvajes que cazaban por su lana de una calidad finísima. Las llamas se usaban como animales de carga y podían matarlas para comer la carne.

# ¿Quiénes eran los samuráis?

Los arcos de los samuráis tenían más de dos metros de largo y se empuñaban a un tercio de esta longitud.

Los guerreros samuráis forman parte de la historia milenaria de Japón. Desde la infancia, estos hábiles luchadores recibían adiestramiento en el uso de las armas y toda la vida servían a su señor. El símbolo de los samuráis eran dos espadas que llevaban sujetas a la cintura con una cinta estrecha. Solo ellos podían llevar estas armas muy afiladas y totalmente letales. La espada más larga se llamaba catana y la corta *wakizashi* y se llevaban con el filo hacia arriba.

## ¿Cómo se vestían?

Los samuráis pertenecían a la aristocracia, se vestían con ropas elegantes y sus armaduras de guerra también reflejaban su clase social alta. A pesar de esto, los samuráis llevaban una vida austera y despreciaban las comodidades típicas de la corte porque las consideraban desprovistas de vigor.

## ¿Cómo se construían los castillos?

Los castillos eran moradas fortificadas desde las que los señores controlaban su territorio. Estas ciudadelas se construían en lugares elevados, sobre una robusta base de piedra, rodeados por grandes fosos llenos de agua. Sobre estos bastiones se alzaban estructuras de madera que hacían que la construcción fuese lo suficientemente elástica como para soportar los frecuentes terremotos. Aunque sean distintos de los europeos, los castillos japoneses podían resistir asedios largos y eran prácticamente inexpugnables.

Su compleja estructura permitía aislar espacios invadidos por el enemigo para seguir resistiendo el asedio.

## ¿Qué era el *bushido*?

Los samuráis seguían un estricto código moral llamado *bushido*. Para estos guerreros, los valores más importantes eran el honor, la lealtad a su señor, el culto al valor, la obediencia y la disciplina.

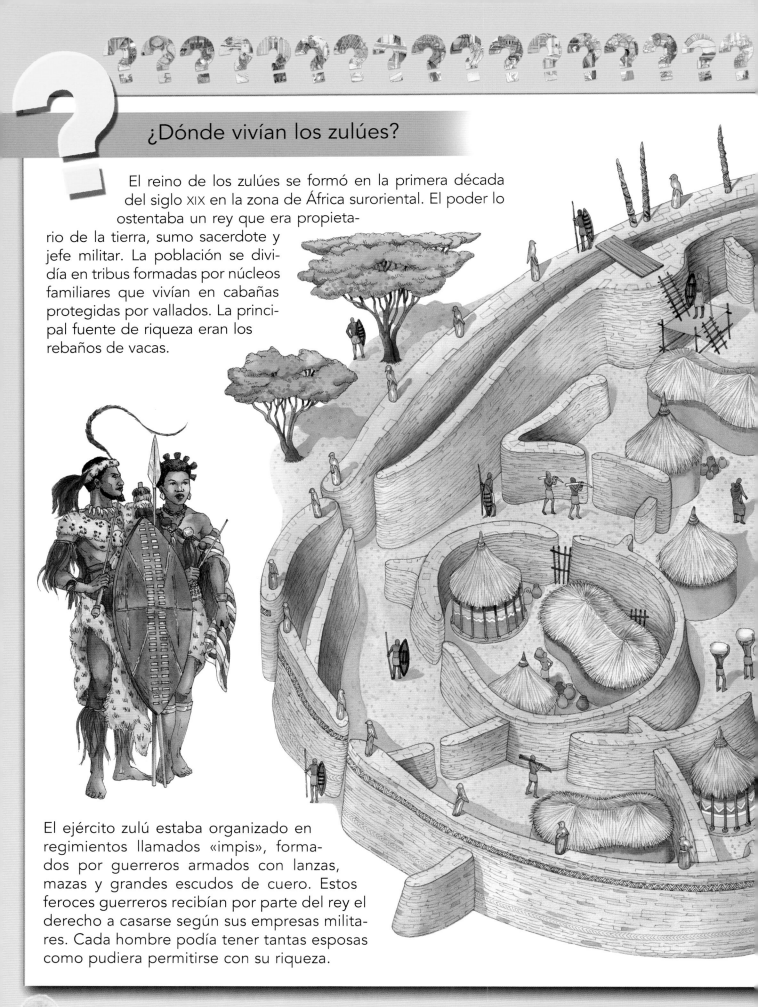

El reino de los zulúes se formó en la primera década del siglo XIX en la zona de África suroriental. El poder lo ostentaba un rey que era propietario de la tierra, sumo sacerdote y jefe militar. La población se dividía en tribus formadas por núcleos familiares que vivían en cabañas protegidas por vallados. La principal fuente de riqueza eran los rebaños de vacas.

El ejército zulú estaba organizado en regimientos llamados «impis», formados por guerreros armados con lanzas, mazas y grandes escudos de cuero. Estos feroces guerreros recibían por parte del rey el derecho a casarse según sus empresas militares. Cada hombre podía tener tantas esposas como pudiera permitirse con su riqueza.

## ¿Cuál era la capital del reino shona?

El reino shona fue el más poderoso y rico de los reinos del África Negra. En su época de máximo esplendor, entre los años 1100 y 1500 d. C., se construyó la ciudad de piedra llamada Gran Zimbabue, importante enclave de tráfico mercantil que se convirtió en la capital. El área en la que se encontraba el asentamiento tenía más de siete kilómetros cuadrados y comprendía el gran recinto, la acrópolis y varias casas distribuidas alrededor.

En la parte alta estaba la acrópolis, donde vivía el rey, y el gran recinto estaba en el centro de la ciudad. Esta construcción estaba rodeada por un alto muro de piedra y albergaba cabañas en las que vivían la madre y las esposas del soberano. Sin puertas ni defensas, la construcción era una ostentación de poder y riqueza.

A lo largo de la muralla perimetral de la acrópolis, había columnas de madera o piedra con pájaros y reptiles esculpidos.

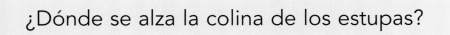

## ¿Dónde se alza la colina de los estupas?

El complejo de Sanchi se alza casi en el centro de la India, en una colina que domina la confluencia de dos ríos. En este lugar, todavía son visibles algunos de los estupas más importantes del continente indio.

La construcción del más grande de estos monumentos dedicados a Buda se remonta a la época del emperador Ashoka, que reinó entre los años 273 y 236 a. C. Otros estupas se edificaron poco después, durante el reinado de Shunga. Los grandes portales, llamados «toranas», que dan acceso a las construcciones se levantaron durante el dominio de los Satavájana.

## ¿Qué es el *Ramayana*?

El *Ramayana* es una de las obras más importantes de la literatura sánscrita. Según los indios, fue escrito por el dios Visnú para narrar las batallas de Rama para recuperar a su esposa Sita, secuestrada por un demonio. Rama era la encarnación humana de un dios y la esencia del libro es la lucha entre el bien y el mal.

## ¿Quién construyó el Taj Mahal?

Construido en la época de los mongoles, este monumento funerario es una obra maestra de proporciones perfectas. Se hizo erigir en memoria de una princesa llamada Mumtaz Mahal, que murió al dar a luz, por su esposo Shah Jahan.

La construcción del Taj Mahal terminó en 1648. El edificio principal tiene forma cúbica con las esquinas redondeadas y el cuerpo central está coronado con una cúpula de doble bóveda, mientras que, en las esquinas de la base, se alzan cuatro minaretes. Toda la construcción está adornada con nichos con refinadas inserciones en relieve y elaborados versos del Corán. Sus proporciones perfectas hacen que este edificio sea una obra de arte única y magnífica.

## ¿Dónde vivían?

Los antiguos pueblos de Norteamérica disponían de un territorio enorme por el que se movían en busca de las mejores condiciones de vida.

Los pequeños grupos de cazadores que, en el Paleolítico, habían empezado a colonizar el continente americano se distribuyeron entre Alaska y California, entre la zona desértica del suroeste y las grandes llanuras centrales y siguiendo el curso del Misuri y a orillas de los grandes lagos.

## ¿Cómo vivían?

Los nativos americanos tenían costumbres que variaban mucho de unas zonas a otras. Muchos grupos eran nómadas y seguían las migraciones periódicas de los animales que cazaban. Otros se asentaban en un territorio y se especializaban en la explotación de los recursos disponibles.

En las costas, algunas tribus se dedicaban a la pesca, mientras que, en el territorio comprendido entre Arizona y Nuevo México, vivían pueblos dedicados al cultivo del maíz.

## ¿Qué animal cazaban más?

La caza de bisontes era una de las principales actividades de las tribus de las grandes llanuras. Este animal les proporcionaba alimento y materia prima para ropa, zapatos y «tipis». Los grupos de cazadores nómadas seguían los desplazamientos de las manadas de bisontes y organizaban grandes batidas de caza cuando los animales se reunían en época de reproducción. Antes de que los españoles llevasen los caballos al continente americano, los indios de las llanuras iban a pie. Cuando aprendieron a cabalgar, pudieron cazar con más eficacia y sus desplazamientos se hicieron más ágiles. Los hombres se encargaban de matar a los bisontes y las mujeres los descuartizaban y curtían las pieles.

## ¿Qué era el tipi?

La tienda de los indios de las praderas se llamaba tipi. Se construía con palos de madera altos que sujetaban un revestimiento de piel de bisonte.

## ¿Cuándo se tomó la Bastilla?

Los ciudadanos de París asaltaron la prisión real de la Bastilla el catorce de julio de 1789. Esta fecha marcó el inicio de la Revolución francesa. Al grito de «Libertad, igualdad y fraternidad», los rebeldes reclamaban los derechos que propugnaban las ideas ilustradas. La monarquía se abolió y el rey Luis XVI fue juzgado y condenado a morir en el patíbulo junto a su esposa María Antonieta.

# LA REVOLUCIÓN FRANCESA

## ¿Quiénes eran los *sans-culottes*?

Uno de los períodos más cruentos de la Revolución francesa fue la lucha entre los girondinos y los jacobinos por el poder del gobierno revolucionario. La victoria de los jacobinos supuso la creación del Comité de Salud Pública, que dio inicio a un período de auténtico terror en el que se ajusticiaba en la plaza a cualquiera que fuese sospechoso de oponerse a los principios revolucionarios. En los meses transcurridos entre septiembre de 1793 y julio de 1794 fueron guillotinadas más de 15 000 personas. Maximilen Robespierre asumió el poder y lo ejerció de una forma despiadada y dictatorial hasta que, en 1794, fue acusado de traición y ajusticiado. En esta época de terror, los *sans-culottes* eran los encargados de mantener el orden público en las calles de París.

# ¿Quién inventó la máquina de vapor?

La fuerza del vapor ya se conocía desde los tiempos del gran inventor griego Herón. Alrededor de la mitad del siglo XVIII, James Watt construyó la primera máquina de vapor. El mecanismo del pistón movido por vapor ideado por el escocés podía proporcionar fuerza y energía para muchas aplicaciones industriales.

La primera locomotora de vapor se construyó en 1803 y, once años después, los hermanos Stephenson presentaron una máquina más fiable. Hizo falta esperar hasta 1829 para ver en marcha la primera línea de ferrocarril. Por las vías construidas entre Manchester y Liverpool, la locomotora de los Stephenson consiguió arrastrar un convoy a la notable velocidad de cincuenta kilómetros por hora.

La locomotora de los hermanos Stephenson era conocida como «El cohete», un nombre muy acertado dada la velocidad que alcanzaba el tren.

## ¿Quién descubrió la pólvora?

Los antiguos chinos fueron los primeros en usar la pólvora para conseguir espectaculares juegos pirotécnicos. Muchos siglos después, a principios del año 1300, los europeos empezaron a emplear la «pólvora negra» para usos militares. No sabemos con certeza quién inventó las armas de fuego, pero, pocas décadas después de su aparición, ya se disparaban cañones en muchos campos de batalla. Solo un siglo más tarde aparecieron los primeros fusiles grandes.

## ¿Cuáles fueron las primeras aplicaciones?

máquina de vapor trajo importantes innovaciones en varios sectores industriales. Esta nueva forma de energía se aprovechó para extraer minerales de las minas o drenar las galerías. Una de las aplicaciones más innovadoras fue el desarrollo de máquinas textiles con telares movidos por la nueva fuente de energía. También la industria naval empezó a usar las máquinas de vapor en la segunda mitad del siglo XIX, dejando desfasados los veleros.

# ÍNDICE

## HISTORIA

| | |
|---|---|
| Páginas 2-3 | Las primeras formas de vida |
| Páginas 4-5 | Los primeros humanos |
| Páginas 6-7 | Los antiguos sumerios |
| Páginas 8-9 | Las civilizaciones del Indo |
| Páginas 10-11 | Egipto y el Nilo |
| Páginas 12-13 | La civilización babilónica |
| Páginas 14-15 | El Imperio chino |
| Páginas 16-17 | El pueblo de Israel |
| Páginas 18-19 | La civilización cretense |
| Páginas 20-21 | Los fenicios |
| Páginas 22-23 | La vida cotidiana de los griegos |

Páginas 24-25    La cultura griega

Páginas 26-27    Las antiguas divinidades

Páginas 28-29    La antigua Roma

Páginas 30-31    La arquitectura romana

Páginas 32-33    La vida en la antigua Roma

Páginas 34-35    Las grandes vías del Imperio

Páginas 36-37    La República romana

Páginas 38-39    La difusión del cristianismo

Páginas 40-41    El mundo de los celtas

Páginas 42-43    Los bárbaros

Páginas 44-45    La Edad Media

Páginas 46-47    El Imperio mongol

Páginas 48-49    Los incas

Páginas 50-51    El Japón de los samuráis

Páginas 52-53    Los antiguos reinos africanos

Páginas 54-55    La civilización india

Páginas 56-57    Los nativos americanos

Páginas 58-59    La Revolución francesa

Páginas 60-61    Inventos y descubrimientos

Páginas 62-63    Índice